Jabón de Nablus

ÆREA | *carménère*

Rodolfo Häsler

Jabón de Nablus

Ærea | *carménère*

Serie dirigida por
Eleonora Finkelstein y Daniel Calabrese

JABÓN DE NABLUS
Primera edición: enero de 2024

© Rodolfo Häsler, 2024

© Ærea, 2024

Un sello de RIL® editores
SEDE SANTIAGO DE CHILE: Los Leones 2258 • CP 7511055 Providencia
☏ (56) 22 22 38 100 • ril@rileditores.com • www.rileditores.com

SEDE VALPARAÍSO: Cochrane 639, of. 92 • CP 2361801 Valparaíso
☏ (56) 32 274 6203 • valparaiso@rileditores.com

SEDE ESPAÑA: europa@rileditores.com

Composición e impresión: RIL® editores
Diseño de colección: Marcelo Uribe Lamour

Impreso en España • *Printed in Spain*

ISBN: 978-84-19372-99-4
Depósito Legal: B 2985-2024

Rodolfo Häsler y su «vida disuelta en agua»

Víctor Rodríguez Núñez

El espléndido libro que el lector tiene en sus manos fue escrito, en lo fundamental, entre 2020 y 2022, a raíz de un viaje de su autor, el poeta Rodolfo Häsler (Santiago de Cuba, 1958), a medio Oriente. En el texto de apertura, hay alguien que «escribe la palabra viento, agita así el impulso creador, la energía primera» («No miente, su destino es Ramala»). De esta manera se reconoce el poder de la poesía, capaz de desatar los elementos, de producir realidad como fuerza primigenia. Acto seguido, se percata de que «la vieja receta levantina del jabón es una ráfaga que envuelve el espíritu, alrededor el mundo se descompone». Se soslaya así el falso binarismo entre lo objetivo y lo subjetivo, la materia y el pensamiento, al mismo tiempo que aparece la situación social, marco de todo el contexto. Este proceso nunca desaparecerá, «Se activa la memoria, su color es anaranjado». En fin, desde el principio se manifiesta una poética donde confluyen diferentes niveles de la realidad y la representación, la experiencia y el sueño, la observación y la reflexión, la épica y la lírica.

El sujeto poético avanza y «Siguiendo la línea del muro enumera las garitas, / es un rosario de desolación» («Un corte en la lengua…»). Con ironía, se refiere a las infames pasarelas aéreas de Jerusalén, construidas para que los israelíes no se mezclen con los árabes: «Caminamos sobre el techo de la madrasa… Me dices que azoteas como esa están hechas para gente como yo» («Minuta»). Se presenta «la terrible realidad, la falta de agua, la falta de perspectiva, el modo de huir, dejar atrás una tierra cansada, pero llena de luz» («Crece la extrañeza…»).

El testimonio del cruce es estremecedor: «Al entrar en el túnel enrejado se experimenta la sensación de no ser ya dueño de uno mismo» («Del aeropuerto...»). Y la memoria se remonta hasta 1981, cuando nuestro poeta permaneció por siete meses en el kibutz Gan-Shmuel: «Corto algodón bajo un sol de justicia, arranco los copos con desgana hasta detenerme y continuar llenando el serón con aquello que despierta mi curiosidad» («Sueño primero...»).

En su radical curiosidad, el sujeto poético de Häsler se da cuenta de que está ante «dos mundos enfrentados» («Del aeropuerto...»), y que «Quizá el jabón sea el único elemento que se desliza por la fractura, pudiendo ser el núcleo que conecta los corazones». Aquí está la clave de este libro, un cosmos a pesar de su apariencia caótica, de su eclecticismo formal, en el símbolo del jabón de Nablus. Se trata de un producto milenario, como la poesía: «El jabón de Nablus se produce con aceite de oliva puro de primera presión en frío que se cuece a fuego lento durante varios días para no alterar sus componentes naturales, agua de manantial subterráneo y potasio natural» («El jabón de Nablus...»). Como el poema, es un producto artesanal, pues «el jabón se corta y timbra a mano». Y este objeto tiene el poder de redimirlo: «Llevo cinco / jabones en la mochila al cruzar / el checkpoint más humillante» («Llega a su fin...»). En definitiva, «se agotan los días en Ramala, la belleza y su capacidad transformadora quedan profusamente registradas».

El símbolo del jabón de Nablus implica nuestra condición material, el cuerpo y el deseo, y así vemos cómo «se enciende la huella / de tus dedos en mi brazo» («En el jardín de cactus»). Hay aquí una creciente sensualidad: «Al cerrar los ojos nos / adentramos en la maraña de una antigua / leyenda» («Spica...»). La sensualidad se convierte en erotismo: «el ardiente té del ofrecimiento, / un tulipán nervioso / y un corto abrazo» («El parque...»). «El viento le abría la camisa por un costado / dejándole el pecho al descubierto, como si fuera la primera / visión de la carne del amigo. Nunca antes había llegado tan lejos» («Flor de romero...»). El erotismo llega a veces a ser explícito: «nos despertamos en ese instante en el centro del olivar, una abeja se acomoda entre nosotros, liba la belleza en nuestros corazones» («Un lugar apartado»). Una vez más, el jabón de Nablus se convierte en el vínculo entre las personas y las cosas, función esencial de la poesía: «el jabón se diluye en las manos, ambos nos lo pasamos como parte de un juego» («Duermo bajo las alas...»).

El símbolo del jabón de Nablus también involucra nuestra condición espiritual, el alma y la creatividad, y así «Todo aquel que recibe la pastilla de jabón / sucumbe a la maldición del arte» («Ernst Ludwig Kirchner pintó...»). La escritura es un acto erótico, como en los dos poemas que empiezan con la palabra «Efecto...»: «un verso ondulante, me pierdo en la yema de los dedos y el aliento no basta». Incluso, el lector es un ser deseado: «mi interlocutor, mi pretendiente, para ti celebro la vida en todos los libros» («Llega a su fin...»). Y más: «Tantas fantasías traspasadas al papel / acaban siendo una declaración, todo lo que / quiero decirte, mi oyente deseado» («Levantar las persianas...»). Hay una conciencia del lenguaje, su materialidad significante, y así «la palabra se eleva entre las piedras», o «las palabras vibran entre el ramaje» («Un lugar apartado...»). El sujeto poético, «sin hablar la lengua presente significados, ecos que golpean en el centro del lenguaje» («Procura agua de pozo...»). En fin, estos poemas son «detalles de una vida disuelta en agua» («Página diez...»).

¿Podemos considerar a Rodolfo Häsler como un poeta cubano? Téngase en cuenta que salió de Cuba a los diez años, en 1968, y que ha residido la mayor parte de su vida en España. Al menos su sujeto poético responde afirmativamente. En el Oriente busca el regreso «a la patria / derramada como todo amor» («Arranco en los jardines la infancia...»). En un momento esencial, «Le invade el suave aroma a limpio que despierta vete a ver qué recuerdos de una infancia en un punto geográfico alejado. ¿O será que allá, a mediados de los años sesenta, los hijos de los levantinos continuaron con la vieja receta del jabón color marfil?» («Se detiene...»). Los cordiales vínculos entre levantinos y cubanos se reconocen cuando «el joven camarero del quiosco de bebidas me ofrece té» y es cuando descubre su lugar de nacimiento. Otro milagro oriental» («El parque...»). O en el pasaje que advierte «Un corazón de cristal escarlata, un puñado de cuentas de vidrio rojas y negras vertidas en un platillo, un Elegguá con cara de rata junto a la puerta» («Un corazón...»).

Por último, debe notarse que *Jabón de Nablus* no ha seguido la ruta de la poesía de la experiencia. Toma distancia del neoromanticismo al no centrarse en el yo e incluir al otro. Y a pesar de estar llena de realidad, de enfrentarla sin bajar la vista, esta poesía tampoco es neorealista. En ningún momento oculta que es representación de la realidad, y el significante levanta la cabeza en la primera oportunidad: «El verso pasa a la página siguiente, gira sobre sí mismo y encuentra su equilibrio» («Un lugar apartado...»). Se emplea la imaginación para «dar un paso más, me dispongo a ordenar las palabras que saltan sobre las nubes, una frase untuosa como chocolate se pega al paladar» («Duermo bajo las alas...»). Se recurre varias veces a la perspectiva onírica, como lo muestra la serie titulada «Sueño...». Se considera incluso lo maravilloso: «y cuando la luz fue olvido, / surgieron de las piedras / verdes manzanas mordidas» («En el jardín de cactus'). Todo aquí vale la pena, lectora o lector, porque los poemas «son nomeolvides, el reflejo de aquello que pudiera ser y no ha sido» («El parque...»), y sobre todo «el poeta te abraza» («Querido...»). Una a una respuesta que solo se da en la verdad del poema.

Mount Vernon, septiembre de 2023

para Luiz Felipe, por hacer juntos
este camino de desprendimiento

Arranca con un prendimiento, una propuesta de viaje, es una alianza de por vida. Luiz Felipe está aquí y abre el cuaderno, escribe la palabra viento, agita así el impulso creador, la energía primera. La composición de la vieja receta levantina del jabón es una ráfaga que envuelve el espíritu, alrededor el mundo se descompone. Se activa la memoria, su color es anaranjado. Hay un resbalón que desata el proceso de la escritura, una entrega sin esperar nada a cambio, un enamoramiento. Al ponerse en marcha descubre la trama, la fábula del jabón de Nablus, seguir el tacto resbaloso de la piel, dejar que el agua corra por la espalda, frotar suavemente. No hace excesiva espuma ni es cremoso, pero la sensación de bienestar levanta expectativas.

El trayecto es fulminante,
pronostica no se sabe cuánto asombro,
deja un costurón a la vista --
en un taxi, muriendo la tarde,
atravieso un paisaje reconocible,
olivos mochos,
ropa tendida en las solanas,
tintineo de cucharillas en los cafés,
chirriar de llantas, luces amarillas,
desata la palabra viento,
las piedras son blancas.

Procura agua de pozo, halla alivio en un pozo - es un acto cabal, agua de pozo para refrescar la cara, lavar unas manzanas. Hay prisa por continuar. Tras una curva, en la distancia, se dibuja Ramala. Entra en la ciudad, hace una pregunta, con el estómago vacío acepta el agrio pan de la derrota. Palabras puntuales que brillan en su filo, palabras que escapan por una hendidura. Se sabe extranjero, un poeta venido de lejos, quizá equidistante observa la situación - sin hablar la lengua presiente significados, ecos que golpean en el centro del lenguaje, nada que no sepa de antemano, aunque el resultado es un secreto a voces. Se desviste y se ducha, el espacio es una desmesura, fuera lo espera un enigma por resolver, rehace el trayecto al cerrar los ojos para recomponer las faltas. Sabe que ha de plantear su pregunta, elige para la ocasión la frase correcta, la palabra se eleva entre las piedras, se cubre de gloria, piedras blancas, piedras afiladas, las quiere palpar, ¿será que lo recuerdan a él?, ¿cómo lo puede dudar?

Arranco en los jardines la infancia siempre
hermosa como un engaño, ideograma de pálidos
crisantemos en el dominio agobiante de los
invernaderos.
Vuelvo despierto como una lechuza blanca a
los siglos oliváceos de la piel, vuelvo al
cálido pecho quemándome como una garduña
en las uñas peligrosas. Y así busco el regreso
a mi fortaleza derramada, a la patria
derramada como todo amor, cabalgando
febriles seducciones en minúsculos dormitorios.

Permanece insomne,
es una lechuza,
su ulular se pierde en la niebla,
una postura incómoda,
un resplandor de muerte
toca en la puerta,
masa' alkhayr dice,
entra sin ser invitado,
toma posesión,
se instala dictando sentencia,
¿qué has sacado en claro todo este tiempo?
No puede engañar a la muerte
que campa por las colinas,
esgrime una guadaña,
se acerca al zarzal cuajado de moras,
prueba una
y acelera el paso.

Un corte en la lengua -- arde,
es un papel de lija, rebaja el pescuezo,
lima un planteamiento erróneo.
A lo lejos distingue el pozo, la roldana,
no es un espejismo,
hace el trayecto en silencio,
no es la primera vez.
Hay un esposo conduciendo el taxi,
quiere llegar temprano a Jerusalén,
puerta de Damasco.
Siguiendo la línea del muro enumera las garitas,
es un rosario de desolación.
El alma puede palparse, por primera vez
pesa más que el cuerpo
-- como intuyó Marco Aurelio --
el alma es un melocotón.
Debe encontrarse con el padre,
con el rostro firme de la madre,
la Caridad de Cuba mueve las caderas
y el poeta baja despavorido
por la calle Corona
-- eso lo toma de un sueño --,
corriendo entre puestos de fruta
que quiere probar,
un jugo de granadas, seco,
para engullir el argumento del día.

Minuta.
Florecimiento en verde, azul y púrpura

Caminamos sobre el techo de la madrasa, el espacio
es exiguo y apenas hay sitio para dos visitantes
deslumbrados. Me dices que azoteas como esa están
hechas para gente como yo y acepto el cumplido
entre perplejo y complacido, sin querer averiguar
por qué insistes en hablarme así.

Corre al encuentro de algo valioso,
se viste de luz dorada,
cierra los ojos junto a los acebuches,
huye en un silbido agreste,
dos corcheas de un sonido redondo.

Se refresca la cara,
bebe agua,
limpio alcanza así una posición notoria,
encuentra una puerta abierta,
y otra
y otra más,
tantas que el milagro
pareciera fruto del desvarío.

Territorio de lobo

Si me insinúo,
¿me quedo fuera?,
¿me atrapas dentro?,
una muesca en el corazón,
te extraño escribí en la pantalla,
recibiste mi confesión,
mi voz temblorosa
(temblaba ante ti, desnudo ante ti),
tembloroso respondiste te llamaré lobo,
un olor animal,
atraído por el animal
bajas la mano por mi muslo,
te asusta la oscuridad,
con ojos asustados
prende una vela en el cuarto,
añade un poco más de tahini, *querido*,
de madrugada me hablas de ti,
cruzaste de este lado
para amaestrar al lobo,
come carne quemada en la noche,
doma al lobo de la extrañeza
que se introduce en el corazón,
ahora pide paso,
si se queda fuera,
si persiste dentro,
pasa el tranco de la puerta,
habla y se cuela dentro,
si te deslizas, entra por el costado,
deambular contigo por la ciudad, te hago la promesa,
buscar un sentido, tres huellas color bermellón,

el viaje empieza en tu omóplato,
me pides un recorrido,
Addis Abeba, Djibouti, Lalibela, Harar
en la distancia del poema
Jadis, si je me souviens bien, ma vie était un festin
où s'ouvraient tous les coeurs,
el festín se agita en tu mano,
en el filo del cuchillo, en mi muslo,
la mano.

Un lugar apartado, un escenario vacilante, entre las piedras brota una aromática floración azul. Es un regalo entre el zumbido de las abejas. El verso pasa a la página siguiente, gira sobre sí mismo y encuentra su equilibrio. Luiz Felipe y yo nos despertamos en ese instante en el centro del olivar, una abeja se acomoda entre nosotros, liba la belleza en nuestros corazones. La lentitud del día se repite en el cielo. Cubierta la espalda de sudor, las palabras vibran entre el ramaje, es un nacimiento que da un fruto nuevo, una liebre azul se escabulle colina abajo, anuncia la buena nueva. Es un verano que no quiere terminar,
rozo tu frente, amor,
rozo tu pómulo al despertar,
el tronco del olivo cruje,
bienaventurado el viento que esparce la dicha.

Recuerdo el sueño en que Luiz Felipe me ofrecía el corazón,
una tarde, flotando en la brisa, brisa densa como gelatina.
Era un sueño benigno, y el arrebato difundía la libertad
en la frescura del aire. El viento le abría la camisa por un
    costado
dejándole el pecho al descubierto, como si fuera la primera
    visión de la carne del amigo. Nunca antes había llegado
    tan lejos.

Duermo bajo las alas de la anunciación, el nudo se suelta entre las costillas de Luiz Felipe, prende un retoño de romero nuevo. Con el primer resplandor se desvanece el color plateado del tallo, quisiera retenerlo, pero es materia inanimada, al agarrarlo se deshace en ceniza para siempre. Empleo la imaginación para dar un paso más, me dispongo a ordenar las palabras que saltan sobre las nubes, una frase untuosa como chocolate se pega al paladar: cultiva el afecto me sugiere el ángel alado, sus innumerables ojos me escrutan, el reflejo se eleva de una vez, es una punzada que no permite preguntas, seguir o no seguir, el jabón se diluye en las manos, ambos nos lo pasamos como parte de un juego, en la ducha su aroma se adhiere a la escápula, enardece el tacto, rozo de nuevo tu mejilla para alentar el chirrido de la suerte.

Sueño primero:

me encuentro de nuevo en Gan-Shmuel. Corto algodón bajo un sol de justicia, arranco los copos con desgana hasta detenerme y continuar llenando el serón con aquello que despierta mi curiosidad, flor de romero, higos chumbos, piedrecillas, fragmentos de cerámica irisada, hasta que de súbito, desde un ángulo vertical del sembrado, un alacrán me increpa, me invita a tumbarme a la sombra del sicomoro. Tras la punzada me puede un imparable decaimiento. Lavo la herida con savia de sicomoro mientras en la distancia se escucha el rebuzno de un asno. Despierto del sueño y entro decidido en el mismísimo jardín del edén.

EN EL JARDÍN DE CACTUS

Era ya de madrugada
cuando los cactus brillaban
cubiertas sus flores
de lágrimas frescas.
Los guijarros se ablandaron
reproduciendo la distribución de los astros.
Una nube gris corría despavorida
con la proximidad de la luna,
y cuando la luz fue olvido,
surgieron de las piedras
verdes manzanas mordidas.
La silueta de un animal
apareció gélida y blanca junto a la entrada,
calentando el aire
con un hueco silbido.
Puntual a la hora
se enciende la huella
de tus dedos en mi brazo,
buscando el final del recorrido.

Desde el aeropuerto, en escasos cincuenta minutos, llega a su destino, pero esos pocos kilómetros separan dos mundos enfrentados, dos lenguas, dos religiones dominantes, dos formas de concebir la vida y las relaciones. Quizá el jabón sea el único elemento que se desliza por la fractura, pudiendo ser el núcleo que conecta los corazones. El paso al otro lado es una de las experiencias más demoledoras que se pueden vivir, atravesar un espacio desolado y sucio, polvoriento y seco: la visión repentina del muro resulta inquietante, es un corte en el paisaje, su presencia lleva a pensar en aquello que nunca debiera ser. La espera entre un caos de autos, ruido y personas que van en todas direcciones, las miradas se buscan y denotan miedo. Al entrar en el túnel enrejado se experimenta la sensación de no ser ya dueño de uno mismo, dejar atrás el control de las decisiones, nada es real. La fila avanza renqueante, a veces se detiene por largo rato, sin esperanza, en una hilera donde en cualquier momento la ansiedad se puede desatar. Nos observan con indiferencia desde el grueso cristal verdoso de donde proceden los gritos. Al mostrar la documentación, desde el espesor del vidrio recibo el bofetón del absurdo, sólo distingo un uniforme militar y la punta de un fusil cruzado en el pecho.

Pasa el muro para llegar cuanto antes al hotel, dormir si es posible, cosa que intuye complicada dada la oscura energía de lo vivido. Todo es sucio y desagradable. La mugre es parte de una planificada degradación. No sellan el pasaporte, es curioso que no sellen los pasaportes, eso sí, los hojean y revisan con suma atención. Sube la ira a la garganta, y como siempre en momentos así, lo mejor es tragarse la lengua. Pasada la barrera, la algarabía es mayúscula, buscar un nuevo taxi y tras regatear el precio entramos en Ramala, donde a pesar de la hora, las calles siguen abarrotadas, familias con niños sentadas en las terrazas, luces de neón por todas partes anunciando negocios y mercancías, rostros sin velo dominan la publicidad, expresiones seductoras en contraste con los rostros ocultos de las mujeres en la calle. La música árabe, sea tradicional o asimilada al reguetón, lo invade todo. Cuesta adentrarse en el caos. Seguro que al día siguiente estará acostumbrado e inmerso en él, pero el primer choque visual y sonoro es paralizante. Hay que nombrar, siempre nombrar, para lograr un orden.

Efecto:

me detengo en la entrada, bajo el umbral siento su presencia, abrazo a Luiz Felipe que, sonriente, acaba de escribir en la pared la palabra acordada, un torbellino barre la estancia. Anoto el significado y lo meto en una cajita cerrada bajo candado. La escritura se despereza, se manifiesta en una lengua resuelta, queriendo aclarar. Una ramita de romero nos despeja el camino, al elevarnos, en la panza de una nube.

Soy sirio. ¿De qué te asombras, extranjero?
Todos somos hijos paridos por el caos.

MELEAGRO DE GÁDARA

Los preparativos son excitantes, tanto que trata de retener así la emoción del descubrimiento. Es un enigma que se resolverá al final del trayecto, aún no sabe si tocará fondo, todo cuadrará cuando el pensamiento se una al verde de las copas de las palmeras. Se escucha la densidad del tráfico, tuerce a la derecha, bajando entre bellas casonas de estilo otomano-veneciano, pérgolas emparradas en los costados, verjas de hierro forjado y cenefas de ladrillo sobre los dinteles. Lo sugerente y su la fuerza de atracción está por venir, su llegada hará que aflore algún fragmento perdido de sí mismo.

Tres jovencísimos saltimbanquis vestidos iguales esperan a que el semáforo detenga la circulación para empezar su número de fuego y saltos mortales. Me dispongo a verlos brincar uno sobre otro en un juego cruzado de identidades y formas. Uno es tres y cada uno es una individualidad, pero ninguno es nada en solitario. El corto espectáculo es flojo, pero no deja de emanar una fresca inocencia.

Peter Huchel escribe:

Reibe die schartige Münze nicht blank...
(*No le des brillo a la falsa moneda...*)

Se detiene ante una estrecha y oscura tienda de abarrotes, entra llevado por la intuición y pregunta por los célebres jabones. El tendero, de mediana edad, canoso, y en un inglés perfecto, pero con el fuerte acento propio del Medio Oriente, lo lleva hasta una gran caja de madera donde se apilan las pastillas, cinco centímetros por seis por cinco. Le invade el suave aroma a limpio que despierta vete a ver qué recuerdos de una infancia en un punto geográfico alejado. ¿O será que allá, a mediados de los años sesenta, los hijos de los levantinos continuaron con la vieja receta del jabón color marfil? Duda entre los que van envueltos con el sello del camello o los que muestran dos llaves cruzadas a modo de alfanjes.

Le respondo por WhatsApp a Elance. Lo veo colar el café de la mañana en su apartamento de Tel Aviv,
le hablo del tacto de los jabones. Antes de colgar me pide fotos de las calles de Ramala, y me percato de que hasta ese momento aún no había tirado ninguna.

Elance: está amaneciendo y tú no puedes venir, pero los dos sabemos que no estamos lejos, al punto que podría acercarme hasta Florentin, tomar un café contigo en la esquina del rehov Frenkel, regalarte unos jabones y volver para almorzar con los poetas. Hay una pena candente, una luz decidida brilla en el cielo, allí con salitre y más humedad, aquí seca y fresca en la noche, aquí es tenso, allá de lo más *cool*... Sin embargo, es el muro mental y físico el que convierte la corta distancia en un recorrido extenuante. Después del almuerzo y antes de las lecturas del atardecer, saldré a fotografiar aquello que me llame la atención. Para tu curiosidad, tendrás las imágenes. Si te parece, en la noche hablamos. *Boker tov, haver yakar*.

Cae sobre el hombro una brizna de orégano que mece el
    viento.
La aprieto entre los dedos y el aroma se expande.

Llevado por el aroma del orégano y la inclinación del terreno, de carrerilla desciendo la cuesta saltando sobre restos de basura y agua jabonosa, hasta llegar frente a una hilera de casonas otomanas que resisten, solitarias, escuálidas, entre nuevos edificios sin repellar. Sólo los gatos en los jardines se percatan de mi presencia, gatos tricolores que emiten un sordo maullido amistoso. Vida de gato asociada desde antiguo a la luna, a las tinieblas y a los misterios por revelar, ellos me abren las puertas de las viviendas para poder fotografiar las estancias en su majestuosa decadencia interior.

El parque, en la noche, aparece helado. Solícito, el joven camarero del quiosco de bebidas me ofrece té cuando le descubro mi lugar de nacimiento. Otro milagro oriental -- caen copos y blanco maná al darle las gracias bajo las ramas del sicomoro: *shukran*, *shukran*, llevando la mano derecha al corazón. El relente humedece las ramas y hace temblar la palabra luz, la que mañana se convertirá en el punto de partida de un verso. Flores de hielo se funden en el estanque, flores intermitentes en su aparición, son nomeolvides, el reflejo de aquello que pudiera ser y no ha sido. Me muevo inquieto en la silla y los pies crujen, los pies tiemblan saliendo de las sandalias, el reto de atraparlos y pulsar sobre los tobillos. Doblo en dos los tres billetes no aceptados y apuro, ya casi a medianoche, el ardiente té del ofrecimiento,
un tulipán nervioso
y un corto abrazo.

De vuelta al hotel, la hilera de arriates lo lleva por un sinuoso sendero, vienen y van las dudas que la noche propone, alguien se desliza entre los mirtos, no puede saber hasta cuándo, e insiste por un camino que trata de esquivar, pero es noche negra y los gatos son pardos, y las plantas de los pies quieren volar. Sigue en su empeño, azuzando algo imposible de rechazar. Se detiene, tomando en el vuelo la mano de Mercurio.

sugestión de la letra ʿayn/

Al atardecer, en la plaza, leo un poema en español. El aire es frío y la mandíbula baila sin poder controlar el chirriar de los dientes. Al escuchar cómo Nibal presenta la traducción al árabe, descubro que la palabra Gaza convierte la g inicial en consonante gutural ʿayn, ʿAza. Dicha incisión me lleva a un viejo recuerdo en esa antiquísima ciudad. El poema retrocede a un amanecer lejano, un corto viaje en bus durante el verano de 1981. Quisiera volver tras escuchar la narración que me hace de la ciudad un poeta gazatí, pero es imposible pasar la reja de Erez si no es con un permiso especial. Gaza y lo poco que queda en pie de su larga historia, Gaza la dolorosa, Gaza...

El autobús se dirige a Gaza,
la ciudad retumba en una queja
que obstruye la mente,
una vida tan vieja para acabar en nada,
la playa, sin embargo, es espléndida,
las viviendas son un amasijo,
un susto,
no sé si llegar al final del trayecto
e intentar hablar
sin tragarme la lengua.
Los pasos caen al mar,
las sombras estallan contra los cuerpos,
la mirada se dirige a los desahuciados,
pero no olvides que Gaza
es un chasquido de ceniza.
Hay palabras de más, palabras malditas,
la miserable palabra
se apaga en los ojos que no pueden ver,
pero sí escuchar,
aquí se queda, en la orilla,
amasijo en el estómago, muy cerca
me arrodillo ante la iglesia ortodoxa
y me cubro la cara en la mezquita,
la escena completa se desparrama.
Mordí la tierra
y la sensación de sequedad marca en el rostro
el peso de la limosna,
una zarza de oro cubierta de polvo,
otro muro donde incrustar
el beso insoportable de la infamia.

Un aldabonazo al entrar al café Alensherah. Las mesitas son exiguas y las sillas que no tienen nada que ver con el estilo oriental tirando a decó del local, son casi potros de tortura, pero allí sirven un café árabe insuperable. Se aficiona al café que se conoce por turco, su dulzor y consistencia invitan a la languidez y al ensueño, a beberlo mientras se conversa a ritmo pausado, se percibe, se ríe, envuelto en su poderoso efluvio, o mientras se leen algunas páginas de un poeta adorado. Alensherah es el lugar donde acabar las caminatas, donde observar y dejarse observar, donde escuchar el sonido gutural de la lengua árabe.

Efecto:

la posición de la Mano de Fátima sobre el dintel me confirma que he llegado a la cita correcta. Hay poetas que la lucen en la garganta. Uno de ellos me la regala con la promesa de comunicarnos en francés. Noto el frío metálico del amuleto mientras los dedos se apoderan de mi cuello, es una culebra que se enrosca en la nuez. La voz se calienta para brindar después un verso ondulante, me pierdo en la yema de los dedos y el aliento no basta, es una filigrana que resbala de la mano para instalarse entre las clavículas, es un laberinto, ¿pero cómo salir?, del cielo verdoso baja un sentido, *tiens, regarde, il y a une huppe qui passe!*, eso escucho, ¿una abubilla?

Se inclina y finge estar en otra parte, le invade una pesadumbre difícil de encajar, un malestar creciente. El entorno es hostil, y no siempre encuentra la forma de quitarle importancia. Recurre al humor y a la risa, la conversación termina parodiando la terrible realidad, la falta de agua, la falta de perspectiva, el modo de huir, dejar atrás una tierra cansada, pero llena de luz, pródiga en huertos, habas, olivos de tronco retorcido, almendros. El deseo de emigrar a Jordania, Emiratos, Canadá, América Latina. La belleza maltrecha, en la cuneta hay débiles florecillas que luchan por sobrevivir, malvas que ocultan el espanto con sus hojas lacias. Antes de hablar alguien clama por la esperanza y la paz, los actores, los periodistas, los estudiantes de teatro que acuden a las lecturas, la voz de la joven y guapísima cantante que con una nutrida orquesta interpreta una canción de Fairouz:

Sa´altak habibi...

Le pregunto a mi amor,
¿a dónde te fuiste?,
me dejaste, y los años van pasando...
cada vez que te veo es como la primera vez...

La Clémence es un período ocioso bajo los árboles,
allí dormita al sol la clientela más cosmopolita,
acércate y ocupa una mesa, pide un perrier,
un sanpellegrino, y déjate observar,
todos analizan tus movimientos,
¿será iraní?, quizá un desterrado balcánico,
todo es posible en la cima de la incertidumbre,
y te dejas querer sabiéndote antropófago,
uno más entre los pequeños sabios
que buscan la calma, el misterio, la indiferencia
necesaria para vivir mejor.
La presencia de los demás te justifica
entre foráneos, ahora hijos ginebrinos,
il y a des iraniens, des libanais, des riches américains,
des snobs, que de grandes familles palestiniennes,
circulando cómodamente por el mundo,
quizá el mejor, el más ligero,
el que menos aporta a la transformación,
después de pagar la consumición vuelve a observar,
baja despacio hasta el marché aux puces
y cómprate un libro usado de Panaït Istrati.

Mohammad me deja una nota de despedida en la recepción donde dice que sale temprano para Nablus, que lo vaya a visitar. Sin dudarlo le tomo la palabra, iré a Nablus, la ciudad asentada en el fondo de un valle, la pequeña Jerusalén dorada, Nablus la acogedora. Días después, el ómnibus que me lleva junto a otros cinco pasajeros arranca a primera hora. El lucero del alba sigue brillando a media altura y ya la actividad en los alrededores de la estación es notable. Acompañado por el estruendo del claxon dejo la ciudad, cuando aparecen a la derecha las ordenadas casitas con techo de teja a dos aguas del asentamiento de Bet El. Impacta constatar tanto orden y la gran masa de árboles y verdor que rodea la colonia, detrás de los elevados muros de protección. Allí, es evidente, sobra el agua, y sin embargo en Ramala hay que controlar su consumo, acumularla en depósitos que coronan todas las construcciones, agua de pozos del gran acuífero que bajo toda Cisjordania no administran sus habitantes. Vienen a la mente viejas vivencias, y tratando de controlar la rabia, trato de recordar las palabras de aquel sabio que hablaba de la vetaja de compartir, compartir el conocimiento.

En dirección norte, por la ruta 60 hacia el centro del territorio, en casi todos los cruces hay controles militares, exigen abrir la puerta corredera del vehículo para recoger la identificación de los viajeros. Soy el único con pasaporte extranjero, y a cada ocasión me hacen la misma pregunta en tono de sorpresa: ¿un festival de poesía en Ramala?

Sentir en la cara la transparencia del viento, la atención se invierte, se hace más íntima, se cuela en el corazón – recorro con Luiz Felipe el resquicio más bronco del paisaje – cortamos los racimos más dulces -- suena una flauta en la placidez de la mañana -- se mece una flor que todavía permanece sin nombre.

Feraces huertos y campos de cebada junto a solares sedientos, en un punto el paisaje se eleva y se vuelve más árido, amarillo. Las colinas están gastadas y tras una curva surgen las cúpulas de la antiquísima Nablus. Aún no son las nueve de la mañana cuando desembarco en una gran plaza, fin de trayecto, rodeada de horribles edificios de estilo indefinido, probablemente construidos en los años setenta, fachadas tapiadas por gigantescos anuncios, tiendas abarrotadas de ropa y todo tipo de objetos, oficinas del Arab Bank, Amman Cairo Bank, cafés con terrazas. En un costado descubro el gran arco de acceso al zoco y a la ciudad vieja, y entro, me dejo llevar hasta encontrar un local tranquilo donde pedir kibbeh y tomar café.

Desde un rincón escasamente iluminado, casi ausente, detecto la atención de un hombre barbudo, pelo corto, dientes grandes. Me invita a sentarme a su mesa. Distinguiendo ya la realidad del infundio, el desconocido pretende adivinarme el porvenir, me asegura que mi afán llegará a buen puerto, tranquilo, repite, tranquilo *my friend*, es cuestión de insistir, y entre largos silencios tomamos café árabe, kibbeh con dos tenedores, invita a knafeh, conocí la receta nabulsi: ketafi, queso fresco de oveja, mantequilla, pistachos molidos, agua, zumo de limón, almíbar, un vaso de agua de azahar. ¿Puede haber en este rincón del mundo algo más dulce que llevarse a la boca?

Sueño segundo:
se acerca al dependiente, quien le explica el manejo de la navaja. Aparta la mirada del filo, pero ese gesto es insuficiente. La hoja se adentra en la boca recibiendo en la lengua el cuajo abrupto de la sangre. La herida es hecha con tanta destreza, dando en el punto crucial, que no puede pronunciar la palabra horror. Una masa viscosa late entre los carrillos. Por un instante aflora la fragilidad contenida en el habla, sólo queda mirar al cielo y rezar. Un escalofrío agita el labio inferior, recogiendo la esquirla de la agresión. Nablus la seductora se escurre por las mejillas.

El trazado de las calles, bajo el cielo azulado, es fácil de recordar, se expande en círculos, se recoge sobre sí mismo, qué hacer, qué añadir cuando la violencia trabaja en una colmena cuyas celdillas ya no acumulan miel, las abejas revolotean con sus alas en llamas, la propensión a aceptar la belleza, ¿qué precio tiene?, ¿cómo encajar la sorpresa? Las calles conducen hasta un cercado estrechísimo, avanzo despacio levantando las teselas del tiempo.

Elance: me encuentro herido en un café de Palestina. Si vieras el curso que toma esta enamoradiza ciudad. De las colinas baja un rumor, pasa por un embudo que rechaza toda idea de compasión. Ahora estamos más lejos, geográficamente quiero decir, pero hay algo en el aire que te haría reconocer un lugar familiar. Huele a humedad, huele a sudor, huele a especias y a hierbabuena, huele dulce. Dentro de unos días, cuando esté en Tel Aviv, te contaré los misterios de este laberinto, sabiendo que quieres conocer el relato. Fotografío compulsivamente los pasadizos de la ciudad alta y esta noche te llegarán las imágenes. Todo se vuelve ambiguo cuando el olor a za´atar se apodera del aire.

El silencio se incrusta en los muros y pasadizos.
Hay paredes desconchadas
y altas ventanas ojivales.
La opresión se abre en la plazuela
donde destaca la cúpula verde de la mezquita
y la torre otomana del reloj.
El verde es el único color reconocible
en un entorno de piedra dorada.
Hay negocios donde adquirir
el célebre jabón de Nablus.

El jabón de Nablus se produce con aceite de oliva puro de primera presión en frío que se cuece a fuego lento durante varios días para no alterar sus componentes naturales, agua de manantial subterráneo y potasio natural.

La masa resultante se extiende sobre suelos centenarios dedicados exclusivamente a esta actividad en los que se marcan largas líneas paralelas que se obtienen al apoyar hilos de lana impregnados de polvo vegetal de color rosa. Siguiendo estas líneas, el jabón se corta y timbra a mano.

Me guío por la cúpula verde con forma de manzana. La veo en postales antiguas de tono sepia esperando ser adquiridas. Desemboco de pronto en una amplia vía donde se suceden las fábricas de jabón. En la primera, la visión no es clara, hay que esperar a que la pupila se adapte a la penumbra. Me dan a probar en una copita el aceite de oliva de primera prensada que emplean para fabricar el jabón. Lo extraen por un pequeño grifo de una orza de barro, descascarillada y untuosa, como recién encontrada en una excavación. Varios trabajadores con los zaragüelles remangados hasta medio muslo le dan vueltas a un viejo remo de madera articulado a un perno, en el centro de la cisterna. La pasta color marfil borbotea. Hay paneles de jabón repartidos por el suelo, cortados con un hilo de lana, esperando secar, pero lo más impactante es la arquitectura piramidal que forman las piezas que esperan ser selladas y dispuestas en su envoltorio de papel. La actividad es lenta pero continua. Nunca pude imaginar tanta pasión, tanto escalofrío al presenciar la manipulación de la densa materia. La pastilla de jabón es agradable al tacto, dan ganas de hincarle el diente en su centro. Adquiero varias piezas, todas con la doble llave cruzada, como si fueran carne, como si se tratase de un atado de corazones palpitantes. Al salir, por fin consigo fotografiar la inalcanzable manzana verde.

Distingo los graznidos del ave fénix sobre los muros de la ciudad, allí donde los palacios se caen a pedazos, donde las ventanas permanecen condenadas. Busco el nido del pájaro y encuentro una bestia que me mira, corro y entro en un restaurante donde pido un té y un plato de mutabbal con pita. Hundido entre grandes cojines de lana áspera color mostaza noto la curiosidad que mi presencia despierta, preguntas no formuladas flotan en el aire, responden por mí algunos versos de poetas a los que siempre recurro, hablan por mí, poemas que lanzo a la cara de la gente hermosa. Abundan los buscavidas pendientes de lucimiento. Ninguno consigue superar su propia sombra.

Roberto Piva aclara:

Piazza XII
Teus olhos amarelos
                    ritmados numa ferida distante
                                    de Amor.

y Raúl Zurita concluye:

La laguna es amarillenta y detrás de los
promontorios de sal que la rodean está el océano.

Sueño tercero:
nos detenemos a almorzar a mitad de camino, es un
pedregal a la salida de Hebrón. La situación transcurre
placentera hasta que una voz convincente me indica un
sendero. Me alejo del grupo y voy hasta el fondo del olivar,
hay un muro de piedra seca donde me saluda un joven
pastor sentado entre sus ovejas. Me ofrece requesón en
un plato azul. Al ir a probarlo el jefe de grupo me alcanza
alterado -- si no vuelvo de inmediato, me hundirá su daga
en el centro de la espalda.

El mar no está lejos, sin embargo su ligereza no llega hasta aquí, se percibe una escuálida sensación de altura, se trata de una ciudad de interior plantada en una antigua ruta de comercio, en algún punto entre dos mundos, como si hablar arameo, fenicio, fuera la lengua perfecta para negociar en el puerto de Jaffo, Akko, Sidón, y llevar la mercancía a Egipto, por todo lo ancho del imperio otomano, hasta Marsella. Así se expresa Mohammad cuando llega a la cita, y vamos a tomar un té con un knafeh -- el mejor knafeh del mundo, precisa -- y que tanto deseaba volver a probar. Mi amigo me trae varios jabones en su envoltorio de papel, me cuenta que su padre trabajó en una de las fábricas de la parte alta, la del molde del camello, *al-jamal*, aunque mi preferido es el que ostenta el dibujo de las dos llaves, *al-miftah*.

(FRAGMENTOS,
CASI ADORMECIDO)

caminando al auditorio donde se dan las lecturas, vuelve a resonar la carcajada irreverente de Severo Sarduy entre las casetas de la feria del libro de Madrid: en ese punto el jabón ya se pierde en la memoria, jabón para ti, para los amigos, el jabón resiste como una flor fijada entre las páginas de un libro...

anoto en el cuaderno lo que va sucediendo, una sonrisa donde el punto de luz se quiebra en el colmillo, dice que es su carta de presentación, descubrir las huellas en la piel, restos de un banquete...

durante el año trabajé en un poema que no tiene final, el poema oscila en la oscuridad...

quería desaparecer una temporada para ordenar los recuerdos, una presencia insistente me protegía, no dudo en aceptar el vínculo, el robo, un sofocón, las hormigas arrastran, sigilosas, las vocales elegidas ...

conoce la pericia de Arthur Rimbaud, de repente el campo de visión se concentra y todo sucede en una habitación minúscula, como si mirara por el lado opuesto de un caleidoscopio. Atravieso un paisaje anaranjado cuando un caballo al galope se abalanza sobre mí, mordiéndome un brazo. Fue un sueño largo y sudoroso, del que todavía intento recuperarme...

si hubiera permanecido inmóvil no hubiera acontecido nada, todo hubiera transcurrido sin dolor, le ofrecería bombones al caballo que tanto me asustó, le hubiera leído un poema antiguo, aquel que habla de unos dátiles, en Jericó...

es la envidia de tantos. En efecto, aquella sala asemeja un indescriptible gabinete de lectura, una chamarilería donde se apilan libros en estantes de caoba, mi mano sosteniendo un lápiz para describir la sinrazón que domina por completo la existencia...

Un corazón de cristal escarlata, un puñado de cuentas de vidrio rojas y negras vertidas en un platillo, un Elegguá con cara de rata junto a la puerta.

La aparición me habla en el sueño -- corre a desocupar la habitación dorada – escapa antes de que sea tarde -- emprende un camino de renuncia -- abre de par en par la ventana para que vuelen los objetos. Quedan versos escritos en las paredes, conforman un inmutable alfabeto de oro.

Apretar los puños para eludir el guiño de la muerte, escuché contar en el café la historia extraordinaria del jardinero de Alepo, la sombra se adelanta, lo está esperando, cómodamente sentada en un jardín incierto.

Sueño cuarto:

(musical)

una partitura semienterrada bajo las hojas del perejil. Es una composición de tonos lilas, podría tratarse de Fauré —se hace audible a medida que Luiz Felipe la saca a la superficie. Hay relámpagos que distorsionan las notas e invierten su valor. Aquella noche el cielo parecía derrumbarse, cerramos los ojos en medio de la tormenta -- arrastrados por la corriente desembocamos en una alberca, nadamos de un extremo a otro de su extensión. *Après un rêve*, con la primera luz, encontramos la salida.

Ernst Ludwig Kirchner pintó varios floreros.
El artista pertenece a la escuela de la poesía cósmica.
Un cuadro de flores jabonosas
cuelga en la pared,
detrás del sofá,
en una bella casa particular en las alturas de Haifa.
Todo aquel que recibe la pastilla de jabón
sucumbe a la maldición del arte.
Por la temática
como por la densidad del empaste,
supe que aquel ramo era un tope
en mi colección de flores ocultas en los libros.
Un botón rojizo eclosiona en el cuadro,
mi acompañante me lo hace notar,
asombrado me habla
entre una pincelada rosada y otra azul.
Descuelgo el Kirchner y me acomodo en el sofá,
paso la palma de la mano sobre la superficie rugosa
hasta tener el valor de las anémonas,
la imagen da un salto,
brinca como lo hacen los seres efímeros,
los seres sensibles.
En ese momento devuelvo el cuadro a la pared,
voy al dormitorio, me despido hasta el día siguiente
sabiendo que el experimento me llevaría lejos
 -- de vuelta al punto de partida:
doy un paseo por *Escenas de calle de Berlín*,
Berliner Strassenszene

Levantar las persianas y mirar al cielo
y ver las copas de los árboles
que se divierten jugando con la brisa,
dice el poeta Najwan Darwish desde el sector Este de la
ciudad. Eso hago cada mañana al despertar, observo cómo
el aire de años de desconcierto despeina las palmeras.
Tuyos son varios de los jabones que he ido almacenando,
forman una pirámide en la mesa de mi habitación, voy
regalando y otros se van añadiendo, van cruzando espacios
aparentemente infranqueables, su olor es suave, como la
piel de tu espalda después de la siesta, antes de entrar a
la casa de baño. Insisto esta vez, *querido* no te enjabones
hoy, quédate aquí, deja que sienta tu olor descarado -- algo
picante. Vamos a encaramarnos al centro de las palmeras,
allá arriba las hojas tienen el color de tus ojos -- amarillo
avellana y verde afilado. La vida se atenúa jugando con la
brisa. Tantas fantasías traspasadas al papel acaban siendo
una declaración, todo lo que quiero decirte, mi oyente
deseado. Como ves, en todo momento te sigo evocando.

como si escapara
de algo poderoso
Sergi Gros scripsit

Página diez: miércoles. El poeta

¿Qué luce en su cabeza? Será un violín sonoro,
un instrumento que sabe ordenar, le dicta al oído
continuas confidencias, detalles de una vida disuelta en
  agua,
no sé si sabe nadar, sin embargo, es una vida viajera,
un timbre, una indisposición de Maldoror.

Sueño quinto:
nadie escucha, nadie tiene la solución, un ascua roza
nuestras cabezas. Nos acercamos al límite de la valla, del
otro lado hay sembrados, una ligera niebla se expande a
nivel de suelo, dan ganas de corretear entre los frutales,
hay cerezas, hay olor a pan, hay gente que se acerca
desde una aldea a tiro de piedra, su nombre es Hula. Por
supuesto, es impensable pasar del otro lado, nadie dice
nada y tampoco hay salida.

Spica, la estrella de la abundancia, la indefensa, se derrite en el hueco de la mano. Presiono en la espalda para quitarle la camisa a Luiz Felipe, el algodón es suave, lo abrazo levemente mientras se queda dormido. Al cerrar los ojos nos adentramos en la maraña de una antigua leyenda. Desfallecer con la primera luz, respirar acompasadamente, un suspiro nos traslada un poco más allá, el lazo se cierra al ajustar el ritmo del corazón.

Llega a su fin el periplo del jabón, se agotan los días en Ramala, la belleza y su capacidad transformadora quedan profusamente registradas, que nada rebaje el valor de lo vivido, no más casas derruidas, que el abrazo se imponga bajo el efecto balsámico del viento. Llevo cinco jabones en la mochila al cruzar el checkpoint más humillante, la luz dispersa las nubes, voy en dirección a la costa, bajando entre olivares y recios algarrobos el paisaje desaparece y se va repitiendo. En cada curva fotografío la imperfección de la luna. Al llegar al mar me despido momentáneamente de mi interlocutor, mi pretendiente, para ti celebro la vida en todos los libros, la tinta corre sobre el papel, deja un rastro húmedo en lo que vamos contando. Soy el que cada tarde escribe en el café, el que presume, sin lugar a dudas, de una aguda capacidad de acierto.

Querido, el poeta te abraza.

2020 - 2021 - 2022

El poema de la pg. 16 pertenece al libro *Tratado de licantropía*, publicado en 1988 por la editorial Endymion de Madrid.

El poema de la pg. 19 es parte de *Poemas de la rue de Zurich*, publicado en 2001 por Miguel Gómez Ediciones de Málaga.

El poema que aparece en la pg. 24 forma parte del libro *Hospital de cigüeñas*, publicado en Valencia por Libros de la hospitalidad en 2021.

El poema de la pg. 27 forma parte de *Poemas de arena*, E.R. Ediciones, Barcelona, 1982.

El poema de la pg. 41 pertenece al libro *Lengua de lobo*, publicado por Hiperión en 2019, Madrid.

El poema de la pg. 46 pertenece también al libro anteriormente citado.

El poema de la pg. 59 aparece en el libro *Diario de la urraca*, Huerga y Fierro Editores, publicado en 2014 en Madrid.

Jabón de Nablus se acabó de corregir gracias a una beca concedida por la Ch. Artist-in-Residence Grant de la Fundación Valparaíso, en Mojácar, durante dos luminosas semanas del mes de septiembre de 2022.

Este libro se terminó de imprimir
en enero de 2024

RIL® editores • España

europa@rileditores.com

Se utilizó tecnología de última generación que reduce
el impacto medioambiental, pues ocupa estrictamente el
papel necesario para su producción, y se aplicaron altos
estándares para la gestión y reciclaje de desechos en
toda la cadena de producción.